**철학자를
이해한다는 것은
무엇인가?**

Qu'est-ce que comprendre un philosophe
by Ferdinand Alquié
Korean Translation rights arranged through Icarias Agency, Seoul.

이 책의 한국어판 저작권은 Icarias Agency를 통해 La Table Ronde와 독점 계약한 ㈜글항아리에 있습니다. 저작권법에 의하여 한국 내에서 보호를 받는 저작물이므로 무단 전재와 복제를 금합니다.

철학자를
이해한다는 것은
무엇인가?

페르디낭 알키에 지음
김민호 옮김

글항아리

페르디낭 알키에의 이 강연은

1950년대 중반의 것으로,

대학문서고 Centre de Documentation Universitaire 에

보관된 사본에 의거해서 지금 이렇게 출간한다.

일러두기
· 원서에서 이탤릭체로 강조한 것은 고딕체로 표시했다.
· [ ]는 옮긴이가 이해를 돕기 위해 단 것이다.

오늘 저녁 저는 아주 일반적인 주제에 대해서 논하고자 합니다. 한 명의 철학자를 이해한다는 것은 무엇인가? 정신의 산물은 장르마다 고유한 이해를 요구하기 마련입니다. 예컨대 우리가 음악을 이해하듯 시를 이해하지 않고 회화나 수학적 정리를 이해하듯 음악을 이해하지 않는다는 것은 자명합니다. 그러니까 저는 철학자들을 이해하는

(철학자를 이해한다는 것은 무엇인가?)

일 특유의 성질에 대해서 조금 성찰해보고자 합니다.

철학적인 작품은 우선 언어적인 작품, 명시적인 언어의 작품입니다. 이건 당연해 보이지만, 그렇게 당연한 일은 아닙니다. 예컨대 생각해봅시다. 시의 목적이 꼭 시보다 앞서서 존재하는 어떤 진리를 전달하는 것일 필요는 없습니다. 이렇게 말해도 좋다면, 시적인 언어는 독자의 영혼 안에 영감을 불어넣어 어떤 상태를 창조하는 것입니다. 이건 충분히 수긍할 만한 이야기입니다. 반대로 철학적인 작품을 쓰는 이유는 독자에게 특정한 진리를, 작품보다 앞서서 있는 어떤 진리를 표현하고 전달하기 위해서입니다. 이걸 의심할 사람은 없을 것입니다. 그러니까 철학적인 작품을 마주했을 때 우리는 작품에서 출발해 진리 쪽으로 가야 합니다. 작품 너머의 진리를 향해야 하지요. 이 지점에서 우리는 문제를 제기합니다. 철학적인 작품 안에서 혹은 철학적인 작품에서 출발해 발견할 수 있게 되는 진리, 모색해야 하는 진리는 어떤 장르의 것인가?

(계속읽기)

이 물음은 중요합니다. 어떤 작품들이 이해되지 않는 것은 우리가 그 작품들이 전달하고 환기시키는 진리가 어떤 장르의 것이고 어떤 유형의 것인지 묻지 않기 때문입니다. 무척 자주 그렇습니다. 이렇게 볼 때 시는 영구적인 오해의 대상으로 보입니다. 시를 앞에 두고도 이해하지 못하는 이들은 시가 무엇인지, 시에 고유한 언어가 무엇인지 알지 못하는 경우가 대부분입니다. 그들은 시적 언어 안에서 시가 품고 있지 않은 다른 무언가를 찾습니다. 철학에서 이와 유사한 오해를 저질러서는 안 됩니다. 그러니까 철학자의 작품이 표현하려는 진리가 어떤 장르의 것인지 아는 일이 중요합니다.

그런데 우리가 누군가에게 말을 하고 그 대답을 듣고 나서 '당신은 저를 잘 이해하셨네요'라고 말할 때, 그건 여러 가지를 뜻할 수 있고 여러 상이한 관념을 표현할 수 있습니다. 예컨대 학자, 수학자의 '당신은 저를 잘 이해하셨네요'가 있습니다. 이건 물론 '당신은 제가 말하고

(철학자를 이해한다는 것은 무엇인가?)

자 했던 바를 이해했습니다'를 뜻합니다. 이 경우 이해되고 있는 것은 표현된 진리 vérité exprimée입니다. '당신은 저를 잘 이해하셨네요'라고 말하는 건 곧 '당신은 연역의 논리를 파악했고, 법칙의 정밀성을 지각했다'고 말하는 게 됩니다. 그런가 하면 여태껏 이해되지 않는, 여성의 '당신은 저를 잘 이해하셨네요'가 있지요. 둘은 같은 게 아니라고 말할 필요조차 없습니다. 이 경우 이해해야 하는 것은 비인격적 impersonnelle 진리가 아니기 때문입니다. 관건은 존재 자체, 그 여성의 개별적 자아, 그 여성의 심리 상태입니다. 따라서 우리는 어떤 철학자에 대한 이해라는 것이 이 두 의미 중 어떤 의미로—둘 중 어느 쪽도 아니라는 것을 곧 보게 되겠지만—새겨져야 하는지 우선 물어야 합니다. 철학자를 수학자로서 이해할 것인지, 아니면 개인적인 personnel 영혼의 상태를 표현하려는 한 명의 인간 존재로서 이해할 것인지 자문하는 것이지요.

제가 방금 말씀드린 대로, 물론 이 중 어느 쪽도 아닙

(계속읽기)

二 니다. 우선, 우리는 수학자를 이해하듯 철학자를 이해해서는 안 됩니다. 당연히 철학자를 이해하기 위해서 우리는 일단 그가 말하고자 한 바를 이해해야 합니다. 이를 부정하려는 것이 아닙니다. 그러나 철학적인 진리는 수학적 진리의 비인격성을 전혀 가지지 않습니다. 예컨대 유클리드를 이해한다고 말할 때 우리가 마음에 떠올리게 되는 것이 무엇인지 생각해보는 것으로 충분히 알 수 있습니다. 유클리드 기하학의 명제를 이해할 때, 저는 유클리드라는 사람을 이해한다는 인상을 받는 것이 아닙니다. 기하학 자체를 이해한다는 인상을 받지요. 유클리드의 기하학에 대해 논할 때 그건 제가 이해하는 진리들을 발견하고 거기에 형태를 부여한 사람을 추억으로 언급하는 것일 수도 있고, 리만 기하학처럼 유클리드 기하학 외의 다른 기하학이 있다는 걸 고려한다면, 유클리드 기하학을 구성하는 참조 공리 체계를 말하는 것일 수도 있습니다. 하지만 우리는 이 체계를 하나의 글자를 통해 잘 지시할 수 있

(철학자를 이해한다는 것은 무엇인가?)

을 겁니다. 기하학 A, 기하학 B, 기하학 C와 같은 식으로 말이죠. 이건 동일한 사태가 아닙니다. 과학에 대한 이해, 과학적 진리에 대한 이해는 그 진리를 발견한 인물에 대한 이해가 아닙니다. 그래서 과학사는 과학에 속할 필요가 없는 것이지요. 우리는 과학사 없이도 과학을 얼마든지 잘할 수 있습니다. 과학사를 하는 것은, 과학과는 다른 무언가를 하는 것입니다. 실제로는, 학자의 정신이 어떻게 이런저런 진리를 향해 고양되었는지 탐구하느라 철학적 분과를 다루기는 합니다만. 이와 달리 데카르트의 철학이나 칸트의 철학을 이해하기 위해서는, 당연하게도 데카르트를, 칸트를 이해해야 합니다.

저는 이 사례가 유클리드에 대한 이해와 데카르트에 대한 이해가 서로 다른 장르의 이해라는 것을 잘 보여준다고 생각합니다. 그렇다면 **이해한다**는 말의 두 번째 의미로 돌아가야 할까요? 데카르트를 일개 개인individual으로서, 이런저런 국면을 살았고, 이런저런 심리적 개별성을

(계속읽기)

지녔던 한 명의 인간으로서 이해해야 한다고 주장해야 할까요? 이런 식의 연구가 완전히 헛되지는 않다고, 심지어 여러 면에서 무척이나 흥미로우리라고 저는 생각합니다. 이런 견지에서 하나나 두 개의 사례를 인용할 것입니다. 하지만 이건 한 명의 철학자를 이해하게끔 해주는 연구가 아닙니다. 데카르트를 철학자로서 이해하게끔 허여해주는 연구가 아니죠.

당연하지만, 저는 한 명의 개인으로서 데카르트, 칸트, 스피노자가 철학적으로 체험했던 것을 그들의 정서적인 체험으로부터, 그들의 총괄적인 체험으로부터 분리시키는 일이 아주 어렵다고 생각합니다. 다 알다시피 『지성개선론』의 서두에서 스피노자는 그가 철학자가 된 이유가 도덕적으로 실로 고뇌에 빠졌기 때문이었노라고 말하기를 망설이지 않습니다. 데카르트 역시 그의 정신의 역사를 곱씹도록 요구하기를 망설이지 않았죠. 데카르트가 그의 정신의 역사를 우리에게 들려주는 것은 그것이 그의

(철학자를 이해한다는 것은 무엇인가?)

철학을 더 광범하게 밝힐 수 있다고 평가하기 때문입니다. 하지만 하나의 철학에 대한 이해는 언제나 그 저자의 심리를 초과합니다. 확실히 그렇습니다.

　기만에 대한 두려움, 다른 사람에게 기만당할지도 모른다는 두려움이 데카르트에게 정초적입니다. 이건 제가 보기에 의심할 여지가 없어요. 하지만 그걸로 뭘 설명할 수 있을까요? 이 두려움은 「첫 번째 성찰」에서 데카르트가 어째서 감각을 정서적인 기만자로서 말하는지 설명해줍니다. 상당히 의아하게도, 데카르트는 확실하지 않은 능력으로서의 감각에 대해 평범하게 논하지 않고 감각이 마치 그를 오류로 이끌 위험이 있는 존재인 양 논합니다. 추후 「첫 번째 성찰」의 말미에서 악령이 실로 하나의 인격체로서 감각을 기만하는 성질을 체현 assumer할 수 있는 것은 이런 연유에서입니다. 가공할 만한 기만의 인격적 본성은 또한 데카르트가 신적인 진실성 véracité에 호소하는 연유 역시 설명해줍니다. 데카르트는 상호주관적인

(계속읽기)

관계를 회복하면서만, 데카르트 자신의 의식과 그에게 거짓이라곤 있을 수 없는 언어로 말하는 신의 의식, 이렇게 두 의식 사이의 관계를 회복하면서만 자신의 회의^{doute}로부터 빠져나옵니다.

하지만 그렇다고 해도, 그 성질들이 심리적으로 해명된다고 쳐도(기실 이런 주제들^{thèmes}의 본성의 연원^{raisons}이 무엇인지 모색하기를 원한다면, 데카르트의 유년기에서, 데카르트가 기만당할까봐 품었던 두려움에서, 어떤 기만 속에서 그걸 찾을 수 있을 겁니다), 그와 같은 인과들에 조명을 비추면서도 우리가 고유한 의미에서 데카르트의 철학을, 「첫 번째 성찰」의 진리를 해명하지는 않았다는 문제가 여전히 남습니다. 사실 언제나 관건은 「첫 번째 성찰」이 타당한지, 그것이 우리로 하여금 의심하도록 촉구하는 근거들이 제대로 된 것인지 그렇지 않은지 알아보는 데 있습니다. 그 근거들을 따라갔을 때, 데카르트에게 설득당하느냐, 이것이 관건입니다. 데카르트의 심리를 아는 것으로

(철학자를 이해한다는 것은 무엇인가?)

는 이런 길로 나아갈 수 없습니다.

　다른 사례를 들겠습니다. 여전히 데카르트 이야기입니다. 「두 번째 성찰」에서 데카르트는 우리에게 말합니다. 거리를 지나는 사람들을 창밖으로 내다볼 때, 나는 속고 있을지도 모른다. 왜냐하면 기계장치^{ressorts}로 움직이는 유령이나 가짜 인간들을 옷가지와 모자가 덮고 있는 걸 볼 뿐일지도 모르기 때문이다. 이런 사례를 선택한 것을, 이런 소재의 본성을 이해하고자 한다면, 데카르트가 현실을 파악하는 데에 모종의 골칫거리를 개재시켜야 합니다. 이 골칫거리는 데카르트에게 다양한 모습으로 현현하는데, 특히 1631년, 데카르트는 이렇게 씁니다. 숲을 산책하듯 마을을 산책하노라니 들려오는 대화들이 물이 흐르는 소리나 나무에 바람이 불어대는 소리처럼 들렸다고 말이죠. 여기 있는 난점은 타인을 타인으로서 파악할 수 없다는 것입니다. 저는 데카르트의 사유에서 이 난점이 정초적이라고 믿습니다. 생각건대, 데카르트가 그가 보고

(계속읽기)

있는 옷가지나 모자가 기계장치로 움직이는 가짜 인간들을 덮고 있는 게 아닌지 물을 때 쟁점은 그의 심리입니다. 이렇게 이야기할 때, 우리가 데카르트의 논변이 지닌 힘을 이해하는 쪽으로는 한 발짝도 내딛고 있지 않다는 것까지 말씀드릴 필요는 없겠지요! 데카르트는 모든 지각perception이 하나의 판단이라는 걸 보여주고자 하며, 이 점을 훌륭하게 보여줍니다. 사람들이 강변하는 것과 달리 데카르트는 지각 안에 우리의 고유한 의식에 주어질 어떤 판단이 있다는 걸 그 근거로 삼는 게 아닙니다. 오류는 판단에서만 벌어지는 일이기 때문에, 내가 사람들을 보면서 오류를 저지를 수 있다는 것은 곧 내가 판단하고 있다는 것이라는 게 그의 근거입니다. [정말로] 옷가지와 모자 밑에는 가짜 인간들이 있을 수 있습니다. 그게 데카르트가 주장하는 바입니다. 누군가가 자동기계automates를 옷가지와 모자로 덮어서 데카르트가 살던 거리에서 산책하게끔 둘 확률—데카르트가 상정하고 있는 것은 이런 일입니다—이 도대체 얼마나 되겠느냐고 말씀하실 수도 있겠습니다. 하지만 그게 논리적으로 불가능한 건 결국 아니죠. 오로지 그것만이 내가 인간들을 "볼" 때 [실은] 인간이 아닌 무언가를 보고 있을 수 있다는 걸, 지각이 곧 판단이라는 걸 증명합니다.

사실을 말하자면, 심리적 원인에 의한 해명—모든 심리적 해명은 원인에 의한 해명입니다—은 철학적 진리를 다른 것들에 의해 규정된 단순한 사실로 변환시킴에 따라 철학적 진리다운 철학적 진리를 부정하게 되고 결과적으로 그걸 설명하지 못하게 됩니다. 오류는 심리적인 차원에서 설명될 수 있지만 사유는 그렇지가 않습니다. 어떤 사람이 철학자나 생물학자가 된 것을 심리적인 차원에서 설명할 수 있죠. 하지만 그걸로는 철학이나 생물학 안에서 발견된 것에 대해서는, 도달된 진리에 대해서는 설명할 수 없습니다.

이로써 한 명의 철학자를 이해한다는 것은 수학적으

(계속읽기)

로 언술된 진리처럼 비인격적인 진리를 이해하는 것도 아니고 그의 순수한 심리적 개별성을 이해하는 것도 아님을 알게 됩니다. 그렇다면 철학자를 이해한다는 건 무엇일까요? 이런 두 가지 이해 외에 다른 이해가 있을까요? 이것이 우리가 이르는 지점입니다.

상술한 어려움은 우리로 하여금 철학적 진리가 정말이지 특별한 지위를 지니게 되리라는 걸 사유하게끔 추동합니다. 철학적 진리는 과학적 진리의 비인격성도, 어떤 인물의 인격성도 지니지 않을 것입니다. 여기서 정확성을 기하기 위해, 더 분명히 살피기 위해, 철학자들 당사자에게로 이제 돌아가봅시다. 그들이 어떤 식으로 이해되기를 원했는지, 혹은 그들이 어떤 식으로 이해받지 못해서 불평했는지 논구해봅시다.

그런데 여기서 제가 보기에는 두 가지 주제가 부과됩니다. 언급했던 대립의 두 항에 상응하는 두 가지 주제죠. 우리는 이 주제들을 소크라테스에 대한 연구에서도,

데카르트나 칸트에 대한 연구에서도, 그 외 다른 모든 철학자에 대한 연구에서도 길어낼 수 있습니다. 한편으로는 철학자의 고독solitude이라는 주제가 있고 다른 한편에는 그가 언술하는 진리의 보편적 성격이 있습니다. 어떤 고독한 보편성 같은 게 있습니다. 이것은 철학자의 것인 양, 바로 거기에 철학자의 극drame 전체가 있는 양 보입니다. 철학적 진리는 비인격적impersonnelle이지 않습니다. 하지만 그것은 보편적입니다. 그리고 우리 논의의 난점이 되는 것은 바로 개인적personnelle 보편성입니다. 대개의 사람은 이걸 알아보지 못합니다. 왜냐하면 그들은 과학이나 심리적 진리에 익숙하기 때문이죠. 과학에서 보편성은 비인격적이기 마련이고, 심리적 진리는 인격적이되 개별적이라는 이유에서 인격적입니다.

그런데 우리가 발견해야 할 것은 주관적 보편성입니다.

철학자의 어떤 고독이 존재한다고 저는 말했습니다.

(계속읽기)

철학자가 세계를 의문에 부치면, 세계도 철학자를 의문에 부칩니다. 데카르트, 칸트, 버클리가 이해받지 못한다고 불평불만을 품었음을 모두 알고 있습니다. 데카르트의 서신이나 『성찰』에 이어지는 반박에 대한 응답을 읽어보는 걸로 충분합니다. 『순수이성비판』의 초판 이후 칸트의 반응을 상기하는 것만으로도 이 점을 잘 알 수 있습니다. 철학자의 극이 무엇으로 이루어져 있는지 잘 이해합시다. 당연한 소리지만, 이해받지 못했다는 감각은 철학자만의 것이 아닙니다. 시인도 그렇게 느끼죠. 시인의 고독이 존재합니다. 하지만 그것은 철학자들의 고독과는 전혀 다릅니다. 철학자의 극은 [시인처럼] 스스로가 다른 이들이 경험하지 못하는 희소한 영혼 상태의 주체라는 걸 발견하는 게 아닙니다. 철학자의 극은 스스로를 보편적 진리의 담지자로 여기고 있는 자, [그럼에도] 이 진리를, 너무나도 자명하게 보이는 이 진리를 다른 이들에게 공유시킬 수 없다는 걸 발견하는 자의 극입니다.

(철학자를 이해한다는 것은 무엇인가?)

데카르트는 1630년 4월, 그의 유명한 영원진리창조론을 막 정돈하고서 메르센 신부에게 어떤 문장을 쓰는데, 제가 보기에 이 문장은 이런 면에서 아주 특징적입니다. 데카르트는 한편으로는 그가 형이상학적 진리를 수학적인 논증보다 더 자명하게 논증할 수단을 찾았다고 선언합니다. 그러고는 즉시 덧붙이기를, "하지만 제가 다른 이들에게 이걸 설득할 수 있을지는 모르겠습니다"라고 했습니다. 제가 보기에는 이런 이중적인 주장에 대해 숙고한다면, 문제의 여건 전체가 확인될 것입니다. 다른 모든 자명성보다 우월한—데카르트가 수학적 자명성보다 더 우월하다고 말하기까지 하므로—자명성, 권리상 보편적이되 모두에게 오인되지 않을지 자문하게 되는 자명성.

철학자가 주변에 의해 이해받지 못하는 이런 상황은 역사에서 다종다양한 방식으로 표현됩니다. 제가 보기에는, 이해받지 못한다는 철학자의 놀라움은 서구 철학 전체의 원천 그 자체입니다. 서구의 철학은 소크라테스가

(계속읽기)

사형에 처했다는, 소크라테스가 이해받지 못했다는 플라톤의 놀라움에서 태어났다는 의미에서 말이죠. 적이 없었던, 누구에게도 해를 끼치지 않았던, 아무런 교조주의를 설파하지 않았던, 사람들로 하여금 자기 자신을 알게끔 유도했던, 자연학을 자연학을 수행하는 정신의 몫으로 되돌리고자 하는 데 만족했던 이 인간에게 왜 도시는 사형을 선고했는가? 플라톤을 읽을 때 우리는 소크라테스의 죽음이 플라톤에게 정말이지 하나의 추문scandale임을 느낍니다. 이 추문이 언제나 소크라테스의 경우만큼 충격적violence이라고 말하지는 않겠습니다. 하지만 제대로 된 의식이라면 응당 받아들여야 할 것처럼 보이는 진리들이 부정되는 걸 목격함에 따라 철학자가 놀라고 혼란스럽게 될 때, 언제나 그런 추문이 있습니다. 예컨대 이런 진리가 있습니다. 과학을 수행하는 정신이 그가 수행하는 과학보다 우월하며, 과학은 오로지 그 정신에 의해서만 의미를 얻는다. 이것은 우리가 제대로 이해했다면, 어떻게 의심할

(철학자를 이해한다는 것은 무엇인가?)

수 있을지 도통 알 수 없는 [확실한] 진리입니다. 그럼에도 불구하고 실상에서는 이 진리가 종종 오인되고, 심지어 폭력적으로 부정되는 걸 우리는 끊임없이 목격하게 됩니다.

그러니까 철학자의 고독이 존재하며, 그것은 보편성의 고독입니다. 과학의 보편성은 고독한 보편성이 아닙니다. 그것은 운이 좋은 보편성입니다. 모두가 그걸 이해하지 못해도, 사람들에게 퍼져나가고, 사람들은 그걸 알아보게 됩니다. 정반대로, 이 경우에 우리가 가지고 있는 것은, 보편적이면서도 고독한 진리의 유형입니다. 그리고 우리가 바로 더 잘 보게 되겠지만, 이것은 진리가 특정한 인격과 결부되어 있고 그로부터 분리될 수 없는 한에서 그렇습니다.

철학자의 이 고독이 특히 우리 시대에 심각하다고 저는 믿습니다. 왜인지 봅시다. 그건 본디 단일한 것이었던 이 고독이 이제는 이중적이기 때문입니다. 철학자의

(계속읽기)

고독은 더 이상 역사 앞에서의 고독이 아닙니다. 그것은 역사의 이념 앞에서의 고독입니다.

고전적인 철학자에게 사회와 역사는 언제나 우연적인 사실들로서 현출했습니다. 그런데 철학자는 언제나 사실에는 권리를, 변전에는 영원을 맞세웠습니다. 그런 한에서—모든 게 명백합니다—철학자는 사실에 의해서, 시간에 의해서 정복됐습니다. 하지만 불평할 필요는 없었죠. 사실과 시간에 맞서기로 선택한 건 철학자 자신이거든요. 철학자는 그래서 철학자입니다. 그러니까 역사는 철학자를 논박할 필요도 없이 무너뜨립니다. 저는 이게 당연해 보일지라도 고집합니다. 아닌 게 아니라, 오늘날, 그건 안타깝게도 당연하지가 않거든요. 예컨대 플라톤은 소크라테스에게 선고된 형벌이 소크라테스를 논박했다고는 전혀 생각하지 않았습니다. 그래서 플라톤은 소크라테스에게 사형이 선고된 이유를 놀라운 마음으로 논구하면서도, 소크라테스에게 사형이 선고됐다는 사실에서 출

(철학자를 이해한다는 것은 무엇인가?)

발해 소크라테스가 잘못을 저질렀는지 묻는 것으로 나아가지는 않았던 겁니다. 플라톤이 완벽한 도시국가를 묘사한 뒤 현세에 그런 도시국가가 있게 될지 알 수가 없다고, 다만 현인이 그런 완벽한 도시국가 외에 다른 도시국가를 통치하는 일을 떠맡지 않으리라는 건 잘 알겠다고 덧붙인다면 이 때문입니다.

이제 모든 게 명백합니다. 비극이 있다면, 그건 명백한 비극입니다. 한편으로는 철학자들을 이해하기를 원하되 역사를 이해하지 못하는 이들이 있습니다. 그들은 역사를 사실들의 이어짐으로 간주합니다. 다른 한편에는 역사를 이해하고 세계의 행정行程을 이해하되 철학자를 이해하지 못하는 이들이 있습니다. 후자가 가장 많은 부류입니다. 하지만 그들은 최소한 철학자 자신보다 더 철학자이기를 원치는 않는다는 장점을 가지고 있습니다. 헤겔에 이르기까지 그랬습니다. 우리[의 시대]는 더 이상 그렇지 않죠. 철학을 이해하지 못하게끔 가로막는 것은 단

(계속읽기)

지 사실의 역사에 국한되지 않습니다. 역사의 권리 내지는 가치로서의 이념이 그걸 가로막고 있습니다.

이런 변화의 원인은 다양합니다. 헤겔에게만 그 책임이 있다고 생각할 만큼 제가 순진하지도 않습니다. 이 상황의 본질적 원인들 중 하나는, 현대 국가의 구조에서는 인민이 공적인 사무에 참여해야 한다는 데에 있습니다. 선전propagande이 꼭 필요해졌죠. 루이 14세의 통치하에서 파스칼은 창을 든 자들이 왕을 따르기 때문에 우리가 왕에게 경의를 바쳐야 한다고 쓸 수 있었습니다. 그렇게 모든 게 명료해집니다. 경의를 바치지 않으면 창에 찔립니다. 파스칼은 바로 이로써 두 개의 질서, 즉 사실의 면에서 힘 있는 것의 질서와 권리의 면에서 존중할 만한 것의 질서를 분리시켰습니다. 오늘날 이런 분리는 불가능해 보입니다. 그것이 불가능해 보이는 이유는, 민주주의—여기서 민주주의의 장단점을 미주알고주알 따지지는 않겠습니다—가 권력으로 하여금 일반적인 찬동을 바라도록 강제하기 때문입니다. 이로 인해 권력은 물질적인 구상을 이념들, 가치들로 치장하게 됩니다.

어쨌든 현대의 철학자나 지식인들은 대개 역사와 철학을 한꺼번에 이해하기를 원합니다. 둘 중 하나를 선택하기를 더 이상 원하지 않습니다. 이제 치명적이게도 그들은 역사를 위해 철학을 희생시킵니다. 저는 우리가 둘을 한꺼번에, 동시에 이해할 수 있을 거라고는 전혀 생각하지 않습니다. 철학과 역사를 한꺼번에 이해하기를 원하자마자 우리는 역사를 통해 철학을 이해하도록 추동됩니다. 즉 철학자를 역사 안에 정위시키게 되는 거죠. 이건 철학자를 이해하지 않는 결과로 이어집니다.

실은 여기서, 좀더 미묘한 수준에서, 이해하지 않는 이해의 어떤 유형이 재발견됩니다. 이것은 우리가 방금 심리적 원인을 통해서 철학자들을 해명하는 것에 관해 말할 때 언급했던 이해의 유형과 닮았습니다. 헤겔 철학 총체를 두고 판단하려는 게 전혀 아닙니다. 헤겔의 철학과

(계속읽기)

그 귀결을 두고 제가 고려하는 면모는 그것이 과거의 철학자들을 새로운 방식으로 이해한다고 강변한다는 점이며, 오로지 그것만을 저는 고려하고 있습니다. 그런데 그런 한에서라면, 헤겔의 철학은 단지 철학자를 가두는 역사일 뿐만 아니라, 철학이라는 이념을 포위하는 역사의 이념입니다. 그렇게 말해도 된다면요.

헤겔은 실제적으로 effectivement 표현된 모든 사상은 역사의 한 계기 moment라고 생각했습니다. 칸트는 어떻게 학문이 가능한지 물었습니다. 헤겔은 어떻게 칸트가 그런 물음을 던지게 되었는지 물었죠. 어떻게 칸트는 초월적 의식의 수준으로 고양되었는가? 헤겔은 칸트가 어떻게 초월적 의식으로 향하게 되었는지 물었습니다. 이런 식으로 해서 헤겔이 말하는 대로라면 칸트의 도덕은 어떤 도덕적 계기를 이루고, 한낱 역사의 계기가 되었습니다.

이런 발상의 귀결들을 끊임없이 열거할 수 있을 겁니다. 헤겔 철학에서든 마르크스 철학에서든 말이죠. 이로부터 철학자들을 그들의 시대^{temps}를 통해서, 그들이 속하거나 표현하는 사회 환경, 사회 계급을 통해서, 경제 등을 통해서 이해하려는 노력이 발원합니다.

제가 주장하고 싶은 건 단순합니다. 그런 모든 경우에 우리는 철학자를 이해하고 있는 게 아니라는 거죠. 특히 그들의 호소^{appel}에 귀 기울이기를 거부하는 한에서 그렇습니다. 이 호소는, 제가 방금 말했는데, 고독하다고 느끼고 있는 인간의 호소, 그러나 자기 자신의 고독이 보편적 진리의 고독이라고 느끼고 있는 인간의 호소입니다. 그는 동료^{semblable}에게 호소합니다. 보편적 진리의 이름으로 말이죠. 그는 역사를 횡단해서, 동료에게 호소합니다. 우리는 바로 이 동료가 되어야 합니다. 철학자를 이해하기를 원한다면 말이죠.

철학에 대한 제가 방금 정의하는 식의 헤겔적인 해명, 혹은 철학에 대한 마르크스적인 해명은 동료와의 관계를 단절하고 불가능하게 만드는 해명입니다. 그것은 그

(계속읽기)

럼으로써 제가 보기에는 철학의 본질 자체를 절삭합니다. 즉 대화^{dialogue}를 절삭하죠.

서구 철학의 플라톤은 대화편을 통해 스스로를 표현했습니다. 말브랑슈도, 버클리도 대화를 썼어요. 그런데 대화는 동료 타자에 대한 호소입니다. 대화는 언제나 [대화하는] 두 의식에 공통된 바탕이 있음을 전제합니다. 버클리를 봅시다. 플라톤보다는 더 현대적인 대화편이니까요. 필로누스는 대화 상대인 하일라스가 비록 둘의 출발점은 완전히 다를지라도 자기와 닮은^{semblable} 의식을 가지고 있다고 언제나 전제합니다. 최고의 규준은 담화상의 증명도 담화도 아니고 변증적^{dialectique} 종합도 아닙니다. 그것은 다른 의식의 동의입니다. 필로누스는 하일라스에게 말합니다. "당신은 물질이 존재한다고 믿습니다. 당신이 옳을지도 모릅니다. 하지만 그걸로 당신이 뜻하려는 게 뭡니까?" 그리고 하일라스가 그에게 "저는 그걸로 이런 것이나 저런 것을 뜻합니다"라고 말하면 필로누스는 대답합니다. "하지만 당신이 물질이라고 부르는 그것이 당신 정신의 관념임을 당신은 보지 못합니까?" 이 모든 경우 안에 의식들 사이의 동일성이 존재합니다. 의식들의 유사성이 존재하죠. 그러니까 모든 철학자가 바라 마지않는 이 정신들의 공화국 쪽으로 우리가 향할 수 있는 것은, 모든 철학자에게 자기 자신의 이성의 고독―자기가 보편적이라고 느끼고 있는 진리들이 자기 외의 타인들에게는 이해되지 않고 있다는 사실이, 이 고독이 모든 철학자를 동요시키고 곤란케 하고 고통스럽게 만들고 절망케 합니다―이 추문이기 때문입니다.

 그런데 헤겔과 더불어, 혹은 헤겔로부터 파생된 이들과 더불어, 더 이상 동료는 존재하지 않게 됩니다. 두 가지 이유에서 그렇습니다. 먼저, 철학자들이 저마다 역사의 한낱 계기라면, 철학은 특정한 환경의 산물이게 됩니다. 철학자들은 이미 따로 놀게 되는 거죠. 각각의 철학자는 제 시대를 표현하고 있[을 뿐이]고, 그의 의식은 그가

(계속읽기)

말하려는 바의 최종 준거가 아니게 됩니다. 그런데 더 심각한 것은, 철학자가 그를 이해하기를 원하는 [다른] 철학자, 그를 이해한다고 주장하는 [다른] 철학자와 분리되어버린다는 겁니다. 다른 철학자를 이해하는 철학자, 즉 헤겔적 철학자나 마르크스적인 철학자는 이해된 철학자보다 우월하다고 자처해야 합니다. 정의상 그렇습니다. 이해된 철학자는 역사의 계기고 사회적인 어떤 산물인 데 비해 그것을 이해하고 있는 철학자는 역사의 의식이고, 역사가 뭔지 아는 철학자니까요. 이제 이해된 철학자가 제기한 물음들은, 그가 그 물음들에 대해 제시되어야 한다고 믿었던 답변들과 함께, 모조리 폄훼됩니다. 버클리는 물질이 뭔지 알기 위해서 진지하게 노력합니다. 그러고는 정신의 관념이 아닐 무언가에 관한 관념을 형성하는 데 이를 수 없다는 것을 고백하지 않을 수 없는 상황에 처한 자기 자신을 보게 됩니다. [헤겔적인 철학자는] 거기다 대놓고, 제기되[어야 하]는 물음은 물질이 존재하

(철학자를 이해한다는 것은 무엇인가?)

는지에 관한 물음이 아니라고, 제기되[어야 하]는 유일한 물음은 왜 버클리가 그런 식의 물음을 던지게 됐는지에 관한 물음이라고 대답합니다. 그러고는 주장합니다. 그가 그런 물음을 제기한 것은 그의 의식이 역사의 이런저런 계기를 반영하고 있어서라고요. 바꿔 말해서, 이런 방법을 취한다면 예의 물음들 자체에 대해 대답하는 일보다 왜 그런 물음들이 제기되었는지를 논구하는 게 더 지성적인 것처럼 보입니다. 제가 생각하기에는 이것이 헤겔의 제자들이 대개 멸시mépris의 철학자들인 이유입니다. 그들은 자신의 동료들을 멸시합니다. 실로 모든 물음에 대답해야 합니다. 우리는 어릴 적 우리의 물음들에 어깨를 으쓱하는 것으로 대답을 대신하던 이들을 [기억합니다]. 그러면서 그들은 어른은 그런 멍청한 건 묻지 않는다고 말하죠. 철학자를 이렇게 견딜 수 없는 상황 속에 처박아서는 안 됩니다.

 게다가 사실 철학자란 아이 같은 뭔가를 갖고 있습

(계속읽기)

니다. 철학자는 멍청하게, 아니면 무용하게 여겨질 법한 물음들을 제기합니다. 철학자는 잘 알고 있습니다. 그의 물음들에 사람들이 대답하지 않는 것이 꼭 진지한 사람들이 달리 할 일이 있기 때문만은 아니라는 걸요. 진지한 사람들은 존재가 무엇인지, 물질이 즉자적으로 존재하는지 묻는 것 말고 할 일이 많긴 합니다. 그들은 자연학적인 걸 해야 하고 정치적인 걸 해야 합니다. 그런 게 아주 많죠. [하지만] 철학자는 아주 잘 알고 있습니다. 그의 물음들에 사람들이 대답하지 않는 것은 어떻게 대답해야 할지 모르기 때문이기도 하다는 걸요. 그의 물음은 그래서 남습니다. 이해되지 않습니다. 물음은 제기된 채로, 미결인 채로 남습니다.

요약하겠습니다. 저는 철학자에 대한 이해가 수학적이거나 과학적인 부류가 아니라는 것을, 그것은 심리적인 부류가 아니라는 것을, 그것은 역사적인 부류가 아니라는 것을, 그리고 그것은 특정한 보편성을 특정한 인격성과 연결하기 마련이라는 것을 보여주고자 했습니다. 그것은 어떤 인격적인 보편성에 대한 이해여야 합니다. 원한다면 보편적 인격성에 대한 이해라고 해도 좋습니다. 하지만 이런 건 어떨까요? 각 철학자의 체계를 연구한다면, 즉 철학의 역사를 가지고서 체계들의 역사를 만들어낸다면 괜찮지 않을까요?

아닌 게 아니라 여기서 우리는 철학의 역사를 그 가장 잘 알려진 의미, 가장 고전적인 의미에서 되찾습니다. 이런 연구가 절대적으로 정당하다는 거야 자명합니다. 제가 그걸 매도하거나 배척하기를 원한다고 생각하시면 아주 잘못된 이해입니다. 그것은 필요한 출발점입니다. 철학적 편린은 모두 그것이 부분을 이루는 논리적인 전체와 연관될 때에만 의미를 지니고, 따라서 그것이 협력하는 체계의 수준에서만 이해될 수 있다는 것은 논박의 여지가 없습니다. 아무도 칸트를 이해하기 위해서 칸트의 체계를 이해해야 하고, 스피노자를 이해하기 위해서 스피노자의

(계속읽기)

체계를 이해해야 한다는 것을 부정하지 않을 겁니다. 그럼에도 불구하고, 종종 벌어지는 일인데, 체계의 구축이 철학자의 목적이었으리라는 믿음은 그릇된 것입니다. 마치 당연하다는 듯 퍼져 있는 견해이긴 합니다. 데카르트의 목적은 마치 데카르트의 체계를 쓰는 데 있었던 것처럼, 데카르트주의를 정초하는 데 있었던 것처럼 보이고, 칸트의 목적은 우리가 칸트주의라고 부르는 바를 구성하는 데 있었던 것처럼 보입니다. 그런데 이 오류는 잘 알려져 있는 기사들의 이야기를 떠올리게 만듭니다. 기사들이 "우리, 중세의 기사들……"이라고 말했다는 이야기 말이죠. 중세의 기사들은 자신들이 중세의 기사였는지 몰랐습니다. 이런 의미에서 데카르트는 데카르트주의자가 아니었습니다. 사실 데카르트는 데카르트의 체계가 된 체계를 정초하기를 원하지 않았습니다. 그는 진리를 찾고자 했고, 이건 전혀 다른 일입니다. 그는 무척 진지한 마음으로 그 진리를 모색했어요. 칸트와 버클리도 마찬가지입니다.

(철학자를 이해한다는 것은 무엇인가?)

여러분은 제게 이렇게 말할지도 모르겠습니다. 철학자가 자신의 체계를 구성하기를 개시한 한에서, 그는 그 체계를 방어하고 공고히 한다고. 그건 참입니다. 그런데 그건 아무도 철저하게 철학자가 아니라는 것, 철학자들도 오만함을 떨칠 수 없고, 제 고유한 관념을 지키고자 하는 기만에 사로잡힐 수 있다는 것, 그들이 그것들을 옹호하는 것은 그게 그들의 관념이기 때문이라는 것을 보여줄 뿐입니다. 여러분은 제게 또 이렇게 말할 수도 있겠습니다. 철학이란 뭔지 이해하지 못한 채로 어떤 대가를 지불하더라도 새로운 체계를 건설해야 한다고 판단했던 위대하지 않은 철학자가 몇몇 있다고. 하지만 그런 건 크게 중요하지 않습니다. 중요한 건 우리가 어떤 데카르트, 어떤 칸트의 사유를 따라갈 때, 그들이 두드러지는 문제들에서 출발해 참을 모색할 때 얼마나 열성적으로 했는지를 알아보는 데 있습니다. 이 모색은 그들이 계속해서 심화시킨 것인데도, 그들은 그 모색이 그들을 어디로 끌고 갈지 알지 못했

(계속읽기)

습니다.

어쨌거나 우리는 체계들만을 연구하는 수준에서는 우리가 물리치고자 했던 불충분한 방법 모두에 대해 바탕이 됐던 오류를 피할 수 없으리라는 걸 빠르게 알아차리게 됩니다. 심리적, 수학적, 역사적 방법들의 [공통된] 바탕은 실은, 철학적 진리를 하나의 대상으로 삼는 것입니다. 그런데 체계 역시 모종의 방식으로 하나의 대상, 어떤 시대 안에, 주어진 환경 안에 정위되어 있는 대상입니다. 우리에게 체계는 [어디까지나] 특정한 철학자의 것으로 남습니다. 제가 생각하기로는, [어떤 체계의] 저자는 체계를 구성하는 과정에서 순수하게 논리적인 법칙들, 결과적으로 비시간적인 법칙들을 준수한다고 주장하지만, 스스로의 의지에 반해서 자신[이 속한] 시대^{temps}를, 그 시대의 오류를 표현하고 말 강력한 위험이 있습니다. 그래서 헤겔적인 부류의 해명의 손아귀에 종속되고 움켜쥐어질 위험이 있죠. 사실 체계란 언제나 자명하지 않은 것의

(철학자를 이해한다는 것은 무엇인가?)

이름으로 자명한 것을 해석하는 일입니다. 바라건대 곧 이걸 더 잘 이해하게 될 것입니다.

여러 개의 체계가 존재합니다. 체계의 비시간적이고 논리적인 구조야 어찌 됐든 간에 체계들은 서로 다릅니다. 체계들은 그러니까 사상가가 모색하고 있는 보편적 자명성을 구성하지 않습니다. 라이프니츠의 체계는 스피노자의 체계가 아니고, 말브랑슈의 체계는 칸트의 체계가 아닙니다. 체계들의 역사로서의 철학의 역사는 그러니까 헤겔이 인식하는 대로의 역사와 동일한 위험을 내보일 뿐만 아니라, 그런 역사를 준비합니다. 그것은 철학자들이 진정한 동료들을 가질 수 있다는 걸 부정합니다. 그것은 철학자를 각각의 종별성 안에 유폐시킵니다. 철학자로 하여금 본질적인 요구를 포기하도록 강제하죠. 과학이 행하는 것과 달리 모든 철학은 자신이 처한 환경에 대한 총괄적 의식의 반작용을 표현한다는 의미에서 각 철학자가 특정한 종별성을 가진다는 게 그다지 의아한 일이 아니라고 해도, 그 종별성은 유폐된 종별성이 아니라 개방된 종별성입니다. 그러니까 체계로 만족한다면, 추상적인 논리주의에 도달하든지, 감성적인 회의주의 scepticisme esthétique 나 회의주의로 이어지는 감성주의에 도달하든지 해야 합니다. [그렇게 보면] 철학자들은 저마다 하나의 세계관으로서 나타날 것입니다. 그런데 세계관이 여럿 있었습니다. 그렇다면 세계관들의 아름다움을 찬미해야 할 것입니다. 즉 세계관들을 진리가 아니라 마치 시의 일종인 양 취급해야 합니다. 그것들이 여럿이라는 사실만으로도 그것들은 허위가 됩니다. 어떤 사상가가 체계들이 여럿이라는 걸 인지하고서 그 체계들이 허위라고 이해했던 것은, 혹은 그렇게 이해했다고 믿는 것은 이 때문입니다. 볼테르는 이전 세기의 체계들을 비웃었습니다. 칸트는 체계들의 다양성이 형이상학을 죽인다고 판단했습니다. 형이상학은 불가능하고 과학은 가능하다고 생각했죠. (아시다시피 그게 칸트의 『순수이성비판』의 본질적인 출발점들 중 하나입니다.) 칸트는, 과학은 세계의 모든 정신을 동의시키는 데 반해 형이상학은 여러 대립하는 체계들로 이루어져 있다는 사실 외에 다른 증거를 찾을 생각도 하지 않았습니다.

바로 이런 관념에서 출발해 헤겔은 형이상학을 구해냅니다. 이건 정말입니다. 불행한 것은, 형이상학을 구하기를 원하면서 헤겔이 자신의 것만 구했다는 것입니다. 그가 구한 것은 다른 모든 사유에 대한 사유라고 강변하는 형이상학이니까요. 다른 모든 사유는 헤겔이 통일성을 찾아내는 보편적 진화의 계기들로 간주되었습니다.

저는 그래서 체계에 만족해서는 안 된다고 생각합니다. 물론 우리가 돌아본 모든 이해의 방법들은 모종의 진리를 품고 있습니다. 수학에서처럼 철학자가 말하고자 하는 바를 이해해야 한다는 것에는 논박의 여지가 없습니다. 심리에 도움을 구함으로써 철학자의 개인적이고 구체적인 사유가 어떻게 이런저런 진리를 발견하는지, 혹은 이렇게 말해도 좋다면, 어떻게 이런저런 주제에 자신의

(계속읽기)

인장을 찍는지 살피려고 노력해야 한다는 걸 부정할 사람은 없을 겁니다. 마찬가지로 철학자에 대한 역사적 이해가 존재합니다. 철학자가 순수 정신이 아니라는 거야 자명합니다. 철학자 안에는 역사에 종속된 요소들이 존재한다는 게 명백합니다. 철학자는 한 명의 인간입니다. 사회 계급 등에 의존적입니다. 또한 체계를 이해해야 한다는 것도 논박할 여지가 없습니다. 하지만 저는 우리가 체계를 이해하는 바로 그 순간, 체계가 그 필연적으로 논리적인, [이미] 주어진 일관된 구조로 인해 여전히 대상의 부류에 속한다는 것을, 과학적인 부류에 속한다는 것을 이해해야 한다고 생각합니다. 이렇게 말해도 된다면, 체계란 철학자가—이 강연의 마지막 부분에서 이 점을 확립하려고 노력할 텐데—작금의 세계를 떠난 뒤 다른 세계에 대한 향수, 세계를 [갈구하는] 향수에 굴복하게끔 되는 바로 그것입니다. 철학자는 지금의 이 세계가 [진정한] 존재가 아니라는 걸 보여준 뒤에 다른 세계, 상상적인 세계를 제시합니다. 하지만 이 다른 세계가 대상적인 성질을, 대상들로 이루어진 세계의 성질을 덜 지니고 있는 것은 아닙니다.

그러니까 생각건대, 우리가 정말로 철학자를 이해하기를 원한다면, 보편적 진리와 인격적 주관성 사이의 절대적으로 내밀한 이 연결을 이해하기를 원한다면, 우리는 체계의 수준에서가 아니라 체계가 배태된 행보^{démarche} 면에서, 혹은 행보들^{démarches} 면에서 이해하기를 모색해야 합니다. 이는 곧 한 대상의 보편성을 행보의 보편성으로 대체해야 한다는 것을 뜻합니다. 이 행보는 객관적이지 않지만 심리적이지도 않습니다. 그것은 존재를 향한 주관의 특정한 운동으로 이루어져 있습니다. 그것이 고유하게 "철학적"이라고 일컬을 만한 행보입니다. 철학이라는 말이 과학, 시 등 형이상학적이지 않은 모든 것으로부터 구별되는 바를 지시한다는 점에서 말입니다.

저는 어떤 철학자의 사상에서, 외관상 상이한 철학적

(계속읽기)

주제들, 저자 자신조차 논리적인 방식으로 연결할 엄두를 내지 않은 주제들 아래에서 절대적으로 동일한 행보가 발견된다는 사실에 언제나 무척 놀라곤 했습니다. 제가 이미 여러 차례 인용한 사례를 들겠습니다. 달리 더 좋은 사례를 알지 못합니다. 그 사례란 데카르트의 유명한 영원진리창조론이라는 주장입니다.

아시다시피 1630년에 처음으로 정식화된 이 주장에서 데카르트는 신이 영원한 진리들을 자유롭게 정립한다고, 우리에게 논리적, 수학적, 과학적 진리들로 나타나는 진리들이 고유하게 존재론적인 차원에서라면 전혀 필연적인 진리가 아니라고 선언합니다. 신은 진리들을 지금과는 전혀 다르게 만들 수 있었으리라는 거죠.

이와 유사한 행보를 통해 데카르트는 모든 대상을, 그리고 대상이 구성하는 과학 자체를 논박 불가능할 만큼 넘어서고, 이 과학, 이 세계의 원천에 있다고 생각되는 존재를 향해 갑니다. 그런데 데카르트가 1641년에 재취하게 되는 회의를 고려하든, "나는 사유한다"를 고려하든, 그 외의 다른 주제들을 고려하든, 이 주제들을 밑에서 떠받치고 있는 꾸준한 행보는 유한한 것을 넘어서 유한자가 존재하는 이유―그 강한 의미에서의, 즉 [유한자를 존재하게끔 만드는] 작용으로서의 존재 이유―를 함유하고 있는 무한한 것을 향해 나아가는 영속적 지양 아닐까요? 제가 말하고 싶은 것은, 신이 세계의 논리적 존재 이유가 아니라는 겁니다. 신은 세계를 만드는 자입니다. 이로부터 우리는 세계가 신과 달리 완전^{complet}한 존재가 아니라는 걸 보게 됩니다. 회의는 수학적·자연학적 진리를 넘어서 이런 직관을 재취합니다. "나는 생각한다"는 데카르트가 말하듯 신의 관념입니다. 「세 번째 성찰」에서 데카르트는, 신 자신의 작품에 인장을 찍는 신이 그 인장을 작품과는 구별되는 무언가로 만들어야 할 필연성이 있는 건 아니라고 쓰고 있거든요. 그래서 "나는 생각한다"는 유한자의 무한자로의 지양이 됩니다. "나는 생각한다"가 우선

(계속읽기)

은 회의로서 드러난다면 이 지양 때문이며, 이 지양 속에서 "나는 생각한다"는 코기토로서 드러납니다.

이 주제들은 데카르트가 연결한 것은 아닙니다. (실은 『성찰』에서도, 『철학의 원리』 1부에서도, 데카르트는 영원진리창조론에 대해 말하지 않습니다. 그러니까 데카르트가 이 주제와 다른 주제들을 체계를 통해서 연결시킨다고 말할 수는 없습니다.) 그럼에도 이 주제들은 독특한 하나의 바탕을 가지고 있습니다. 저는 그렇게 생각합니다. 이 주제들은 모두 하나의 유사한 행보, 동일한 행보를 표현하고 있습니다. 이 행보를 저는 데카르트가 다루는 다른 주제들―우화로서 간주된 세계라든지, 존재 이유를 [제 안에 품고 있지 않고] 밖에 두고 있는 기계로서 간주된 대자연이라든지, 기계적인 동물이라든지, 연속창조라든지 하는 주제들―의 원천에서도 재발견합니다.

이제 칸트를 고려한다면, 우리는 이와 거의 같은 것이 있음을 발견할 수 있을 겁니다. 예컨대 『부정량 개념을 철학에 도입하는 시도』부터 칸트는 라이프니츠나 볼프가 생각한 것과 달리 악, 아픔, 고통, 한마디로 말해 감성적인 것$^{\text{le sensible}}$은 개념으로 환원될 수 없다는 사실에 충격을 받습니다. 여기에는 극단적으로 심원하고 고유하게 생적^{vitale}인 체험이 있습니다. 감성적인 것이 하나의 개념으로 환원되지 않는다는 걸 드러내는 체험이죠. 그런데 이 체험을 우리는 『순수이성비판』에서 다시 발견하게 됩니다. 인간 주체가 감성적 수용성과 자발적 지성으로 분할되는 걸 목격하게 되는 거죠. 이 지성은 제 법칙을 바깥으로부터 감성적인 것에 부여합니다. 『실천이성비판』에서도 이 체험을 또 보게 됩니다. 도덕 법칙은 감성적 주체에게 부과되는 물자체의 법칙$^{\text{loi nouménale}}$이라는 관념에서 말이죠. 『판단력비판』에서도 이것이 다시 발견될 겁니다. 칸트가 합목적성 판단은 규정적 판단이 아니라 반성적 판단임을 보여주는 데서 말이죠. 합목적성 판단은 소여에서 출발해 도달될 수 없는 개념을 향해 뻗어가는 판단, 감성적 것

(계속읽기)

자체로부터는 연역해낼 수 없는 판단입니다.

사례를 많이 들 수 있습니다. 그럴 필요는 없다고 생각합니다만. 하나의 동일한 철학자의 사상 안에서 행보상의 동일성이 있다는 것을, 주제들 사이에 논리적인 체계, 논리적인 연결이 존재하지 않는 곳에서조차 그렇다는 것을 우리는 충분히 알게 되었습니다. 하지만 더 멀리 가야 합니다. 그러면 마침내 철학자를 우리가 소묘했던 고독으로부터 구해낼 수 있을지도 모릅니다. 이 태세attitude의 항 구성은 우리로 하여금 하나의 동일한 철학자가 다룬 주제들을 통일하게 허여하는 것은 물론이고, 겉보기에는 서로 대립하는 듯한 체계상의 주제들까지 통합할 수 있게끔 허여할 것입니다.

여러분도 동의하시겠지만 말브랑슈와 파스칼, 파스칼과 흄, 흄과 칸트 사이의 차이는 엄청납니다. 그럼에도 불구하고 자연학적 법칙이라고 불리는 무언가 앞에서의 놀라움, 즉 우리가 항상적이되 필연적이지는 않은 연관들, 구속적이고 보편적이되 지성적인 이유 같은 건 없는 연관들을 대자연 안에서 계속 발견하게 된다는 사실 앞에서의 놀라움은 모든 철학자에게 있는 것입니다. 합리주의는 오래도록 꿈을 꾸며 이렇게 말했습니다. causa sive ratio, 원인 혹은—'혹은'이라고 해도 좋다면—이성이 실로 상실됐다. (칸트는 일반화된 사실들을 법칙들로 삼고 있는 과학을 정초한 뉴턴을 예로 들며 이런 꿈을 꿉니다.) 그리고 우리는 이 주제를 아주 상이한 형태들로, 완전히 대립하는 체계들 안에서 마주치게 될 겁니다. 말브랑슈는 신만이 원인이 된다고 생각하면서 기회원인론을 통해 그런 진리를 주해하고, 흄은 습관을 통해 원인에서 결과로 미끄러지는 감성적 주관에 호소함으로써 그런 진리를 주해하며, 칸트는 범주들에 의거해서 그런 진리를 주해합니다. 필연성 자체의 이런 우연성에 대한 인식reconnaissance은, 혹은 대상은 존재론적으로 불충분하다는 절대적으로 정초적인 인상은, [철학자들 사이의] 정말이지 엄청난 차이에도

(계속읽기)

불구하고 다양한 맥락 안에서 재발견됩니다. 말브랑슈의 철학은 이로부터 신을 향해 우리를 고양시킬 기회를 건져 올립니다. 우리가 살고 있는 이 대자연이 정합적이지 않은 한갓 자연이라는 걸 보여줄 기회이고 신만이 자연에서 벌어지는 모든 것의 원인이라는 걸 보여줄 기회인 거죠. 흄의 철학도 사정은 다르지 않아서, 그는 역으로 자연주의자로서 관계들의 존재 이유는 대상 안에 있지 않고 주관 안에 있다고 주장합니다. 직관 자체를 향해 열린 주관 말이죠.

죄송스럽지만 다른 사례를 반복해서 들겠습니다. 너무 분명한 사례라서 어쩔 수가 없네요. 플라톤의 동굴 사례입니다. 철학자는 되돌아갑니다. 뒤로 향하기 위해서 그림자에서 몸을 빼내죠. 여기에 자연학적 방식으로 소묘된 진정한 회귀의 운동이 있습니다. 그런데 데카르트의 사상에서 회의는 정신을 되돌리고, 뒤쪽으로 구부립니다. 데카르트가 그렇게 말합니다. 회의는 감성적인 세계, 대상들의 세계, 과학의 세계에서 정신을 분리시킵니다. 그럼으로써 정신이 "나는 사유한다"를 향하게끔, 신을 향하게끔 합니다. 칸트의 경우, 정신이 되돌아갑니다. 학문의 토대를 대상 안에서 모색하고 나서 주관 안[으로 되돌아가] 모색하죠. 현대 철학자의 사례를 들자면 후설도 마찬가지입니다. 후설은 세계를 지향하게 만드는 자생적인 태도를 "되돌립니다". 이 모든 회귀는 되돌아서는 지점들 외에는 다른 점이 없습니다.

그러니까 체계의 면에서 고려한다면, 정초적인 자명성 같은 무언가를 해석하는 방식과 관련해서라면 절대적으로 다른 철학자들이 있습니다. 하지만 그들은, 그들을 그런 자명성을 향해 몰고 가는 행보의 면에서는, 그들이 다루는 주제 대신 그 주제들에 진정으로 함유되어 있는 것을 대신 [고려한다면] 순수한 면모를 드러낼 이 행보의 면에서는, 서로 조화를 이룹니다.

플라톤이 데카르트라는 둥 데카르트가 칸트라는 둥

(계속읽기)

칸트는 후설이라는 둥 하고 말하려는 건 아니며, 누구도 그런 식의 단순화를 제 것인 양 할 수는 없습니다. 자명한 것은 그들이 저마다 개인적인 난점들에 처해 있었다는 것, 상이한 세계들 안에 있었다는 것입니다. 플라톤의 세계는 데카르트의 세계가 아니고 데카르트의 세계는 후설의 세계가 아닙니다. 회귀만을 고려한다 해도 각자가 고유한 방식으로 되돌아간다는 것도 자명합니다. 그럼에도 분명해 보이는 것은, 이 모든 회귀가 대상에서 출발해 대상의 선험적 조건을 향해 고양된다는 것입니다. 이 조건이 플라톤에게는 이데아였고 데카르트에게는 "나는 생각한다"와 신이었으며 칸트에게는 범주였습니다.

제가 느끼기에는 우리가 충분히 고려하지 않았던 어떤 사실도 이로써 해명됩니다. 그 사실이란, 사상사에서 우리가 끊임없이 독특한 전도들renversements, 기묘한 전도들을 목격하게 된다는 것입니다. 흄의 무신론적 회의주의는 버클리가 본질적으로는 변신론적인 목적에서 물질에 대해 적용하고자 했던 방법을 영혼이라는 관념에 대해 확장한 것입니다. 버클리는 유물론을 논박하고자 했고, 이에 따라 유물론자들이 그릇되게도 물질의 우위를 주장함을 보이고자 했습니다. 이를 위해서라면 물질이란 게 아예 없다는 걸 보여주는 것보다 더 좋은 방식이 있을까요? 유물론자들은 이제 곤란해집니다. 버클리는 물질이 존재하지 않음을 논증합니다. 하지만 그의 이 논증 논변들을 두고 흄은 그 방법을 취합니다. 그것을 영혼에 적용하고 신에 적용하죠. 그럼으로써 무신론자가 됩니다. 버클리 주교의 가르침을 따름으로써 무신론자가 되는 거죠. 그러니까 이런 게 행여 가능하다면, 버클리의 행보는 버클리의 체계와는 정말이지 구별되는 겁니다. 또 다른 걸 숙고함으로써 이것을 논증해드리겠습니다. 도대체 우리 가운데 누가 여전히 정말로 버클리의 체계를 신뢰합니까? (어쩌면 그런 분이 있을 겁니다. 그렇다면 양해를 구합니다. 하지만 그런 사람이 많지는 않을 겁니다.) 하지만 버클리의 행보는

(계속읽기)

타당한 것으로, 현행적인 것으로 간주됩니다. 하나의 증거로 족합니다. 하일라스가 현대 과학의 발견을, 원자를 알았다고 해봅시다. 하일라스와 필로누스의 대화가 좀더 길어졌으리라는 것은 분명합니다. 그리고 그 길어지는 분량을 우리가 쓰는 것은 어렵지 않겠죠. 하일라스는 물질이 이것이나 저것이라고 말한 뒤 보탤 겁니다. "어쩌면 그건 원자고, 전자고, 양성자고, 중성자다." 그러면 필로누스는 대답할 겁니다. "하지만 양성자가 우리가 그것에 대해 지닌 관념이 아니라면 달리 무엇이겠는가?" 이런 비판적 행보는 그러니까 체계로부터 완전히 독립적인 겁니다. 바로 그 행보 덕분에 흄은 버클리가 말하고자 했던 바와 정반대에 이르고 있죠. 이 행보는 우리로 하여금 버클리가 알지 못했던 학문적 정의에 따른 물질 관념을 [버클리적으로] 비판할 수 있게끔 허락합니다.

바로 여기서, 우리가 태어날 때부터 철학자인 건 아니라는 사실을 기억해야 합니다. 우리는 철학자가 되는 겁니다. 철학적이지 않은 앎 전체에 대한 반작용을 통해서 철학자가 됩니다. 철학이란 일차적인 앎이 아닙니다. 운위되듯, 그것은 앎에 대한 앎이죠. 우리는 일차적 앎―충만히 만족스럽지는 않아 보이는―으로 둘러싸여 있기 때문에, 오직 그 때문에, 앎이란 무엇인지 알고자 열망하게 됩니다. 이런 진리 이해를 곤란하게 만드는 것은 이 일차적 진리가 플라톤에게는 견해opinion였다는 데 있습니다. 플라톤은 과학을 견해에 맞세웠죠. 그럼에도 그의 행보는 단순히 선별적인 행보가 아니었습니다. 혹자는 그렇게 생각할 수도 있겠지만요. 과학이 과학으로서 구성되고 결과적으로 의견을 무너뜨렸음에도 [불구하고] 철학은 그로 인해 죽지 않았습니다. 정반대로 철학은, 플라톤이 견해에 대해 취했던 태도를 과학에 대해 취합니다. 철학은 과학을 정위시키기를 원하고, 과학을 제자리에 놓기를 원합니다. 소크라테스는 사람들이 스스로 알고 있다고 생각하는 바를 알지 못함을 논증하느라 시간을 보

(계속읽기)

냈습니다. 예컨대 칸트도 마찬가지입니다. 칸트는 학인들 savants이 자신이 안다고 생각하는 바를 알지 못함을 입증합니다. 학인들은 과학을 압니다. 현상들 사이의 연결을 알죠. 그러나 그들은 존재를 알지 못하고, 존재를 대상과 혼동하곤 하죠.

그래서—이걸로 제 이야기를 마치고자 하는데요—한 명의 철학자를 이해하기 위해서는 우선 그가 어떻게 철학자가 되었는지 물어야 하는 겁니다. 제가 생각하기에는 그렇습니다. 이런 물음은 잘 제기되지 않습니다. 철학자를 체계의 수준에서 붙들기를 선호하죠. 행보라는 관념으로 되돌아가지는 않겠습니다.

우리가 체계의 수준에 있으려고 하는 것은 철학적이거나 심리적인 소설 같은 무언가의 안으로 빠져들까 두려워서입니다. 제가 권하는 방법을 이용한다고 해서 심리주의 쪽으로 표류하게 되는 게 아니라는 건 충분히 보여드린 것 같습니다. 또한 역사의 철학을 피하기 위해서는 역

(철학자를 이해한다는 것은 무엇인가?)

사의 철학자보다 더 역사가처럼 굴어야 한다고 생각합니다. 각각의 철학자에 대해 개별적인 역사를 써야 합니다. 방금 말씀드렸죠. 데카르트는 자기 정신의 역사를 쓰는 걸 두려워하지 않았습니다. 데카르트보다 더 소심하게 굴어서는 안 됩니다.

그런데 아시다시피 본질주의적인 철학들이 데카르트의 시대에 맞섭니다. 그것들은 죽은 철학이고 존재가 없는 철학이죠. 왜냐하면 철학이란 곧 존재의 탐구 la recherche de l'être이기 때문입니다. 한편으로 데카르트가 스승들로부터 배운 수아레스의 철학이 있습니다. 이건 본질주의적인 토미즘에 불과합니다. 다른 한편으로 과학이 있습니다. 이것 역시 본질들의 체계입니다. 그런데 데카르트는 과학을 통해서 수아레스주의를 비판하는 것으로 시작합니다. 하지만 1630년, 잘 알려져 있는 것처럼 영원진리창조론을 발견함에 따라 데카르트는 과학 자체의 위치를 그것을 정초한 무한 창조주와의 관계를 통해서 지정합니다. 최종적으로 『성찰』에서, 혹은 『방법서설』에서 이미, 데카르트는 과학을 그것을 사유하는 "나"와의 관계 속에서 위치를 지정하죠.

마찬가지로 칸트는 수아레스를 양식으로 먹고 자란 볼프의 철학에서 출발합니다. 수아레스가 철학에서 이런 식으로 수행한 역할에 대해 할 말이 많다고 저는 생각합니다. 언제나 수아레스에서 출발해, 그렇게 철학을 하면 안 된다고 보여주는 거죠. 칸트는 존재에 대한 어떤 염려를 볼프에 대립시켰습니다. 이 염려는 칸트에게서 아주 첨예한 것으로, 바로 이와 맞물려서 칸트가 자신의 철학을 구성했습니다.

그러니까 제가 생각하기에는, 이 강연의 처음부터 제가 하려고 했던 것처럼, 보편적인 동시에 인격적인 진리에 도달하고자 한다면, 철학자의 행보를 고려해야 합니다. 세심하게 각 철학자의 역사를 따라갈 수 있는 한에서, 모색되고 있는 진리에 도달할 수 있습니다. 이런 연구는

(철학자를 이해한다는 것은 무엇인가?)

역사를 헤겔식으로 개념화하는 것과는 전혀 다릅니다. 왜냐하면 하나의 역사를 획득하고 나면, 시간 속에서 특정한 회귀를 수행하고 나면, 철학자는 자신의 역사를 본질 쪽으로 고양시키기 때문입니다. 참된 철학은 모두 본질로 고양된 역사입니다. 이것이 제 견해입니다. 바로 그래서 참된 철학은 개인적이면서 보편적입니다.

데카르트와 관련해서라면 제 논증은 어렵지 않을 겁니다. 1637년의 『방법서설』에서 1641년의 『성찰』로 이어지는 이행을 고려하는 걸로 충분합니다. 1637년, 『방법서설』에서 코기토는 아무런 진리로서의^{véritable} 지위를 점유하고 있지 않습니다. 그건 여기저기 있는데 아무 곳에도 없습니다. 『방법서설』 4부에서 데카르트는 이렇게 말합니다. "나는 생각한다, 고로 존재한다." 데카르트는 이때 코기토가 그의 철학 전체의 기반이라고 주장합니다. 이미 『방법서설』 앞부분에서 자신의 도덕과 논리학을 언술했으면서도요. 그럼에도 『방법서설』 전체를 지탱―그

(계속읽기)

고유한 의미에서—하는 어떤 코기토가 존재합니다. 하지만 그것은 역사적인 코기토입니다. 이건 데카르트적인 행보들 전체를 통일체로 만들고 『방법서설』의 모든 부분을 통일체로 만들지만, 이렇게 말해도 좋다면, 자기의식이 없는 코기토입니다. 이 "나"는 1부에서 이렇게 말합니다. 학교에서 나왔다, 스승들에게 실망했다; 내 방법의 규칙들은 다음과 같다; 내 도덕, 내 형이상학, 내 자연학 등등은 이렇다. 하지만 『성찰』과 더불어 이 코기토는 전적으로 자기의식적이게 됩니다. 그래서 『성찰』의 "나는 생각한다"가 나머지 전체의 균형을 잡는 원천이 되는 겁니다. "나는 생각한다"는 데카르트가 정위시키고자 했던 진리들 전체를 조망합니다. 한편으로는 대상들로 이루어진 세계가 있습니다. 이것은 그가 자기보다 열등하다고 여긴 세계, 인식 가능한 세계, 그 위에서 행위할 수 있는 세계입니다. 다른 한편에는 그가 종속되는 신, 그를 존재하게 만드는 신이 있습니다.

(철학자를 이해한다는 것은 무엇인가?)

이와 비슷한 논증이 다른 철학자들에 대해서도 가능하리라 믿습니다. 철학함이란 곧 제 고유한 역사를 본질로 고양시키는 것임을 보여주기란 언제나 어렵지 않다고 믿습니다. 여기서 "제 고유한 역사"라는 게 그의 정념들이나 다양한 우여곡절의 역사가 아니라 그의 정신의 역사를 뜻한다는 걸 잘 이해한다면요. 그러니까 이런 경로에서 우리는 이 지성적 행보, 우리가 철학이라고 생각하는 이 행보의 본질을 찾을 수 있을 겁니다. 데카르트는 말합니다. 「첫 번째 성찰」을 이해하기 위해서는 여러 달, 여러 주가 필요하다고. 그 성찰을 그것에 함유된 오성적인 진리들로 환원한다면, 그렇지가 않을 겁니다. 그 진리들을 이해하는 데는 30분이면 충분하니까요. 하지만 철학자가 되기 위해서는 하나의 생애가 필요합니다. 철학자의 동료—우리가 위에서 호소와 관련해서 묘사했던—가 되기 위해서는 하나의 생애가 필요하죠. 우리가 그의 동료가 되고자 한다면, 우리는 모든 문제가 대상 차원의 문제

(계속읽기)

인 건 아님을 스스로 발견해야 합니다. 우선은 스스로가 대상들로 이루어진 세계 안에 붙들려 있음을 보는 인간이 객관성 자체의 조건들로 되돌아감에 따라 철학자가 된다는 것을 우리는 발견해야 하지요. 이런 행정을 플라톤에게서도 칸트에게서도, 스피노자나 말브랑슈에게서도 발견합니다. 물론 이 철학자들의 방법은 다릅니다. 하지만 그들이 자신의 목적을 향해 움직이는 것은 닮았습니다. 왜냐하면 이게 특히 제가 확립하고자 하는 것인데, 철학자들은 그 어떤 세계로도 가지 않기 때문입니다. 그들이 향하는 타자는 어떤 세계가 아닙니다. 우리가 되돌아보는 모든 오류가 다음의 오류로 요약된다고 저는 생각합니다. 언제나 사람들은 철학자가 우리를 하나의 세계에서 해방시킨 다음 우리에게 다른 세계를 줄 것이라고 기대합니다. 바로 이 점에서 우리는 여전히 대상의 우위 및 체계의 오류의 희생양입니다. 철학자들은 세계가 제 고유한 조건들을 함유하고 있지 않다는 걸 보여주고서, 세계가 아닌

(철학자를 이해한다는 것은 무엇인가?)

어떤 존재 쪽으로 향합니다. 말브랑슈는 「대화」의 한 대목에서, 제가 보기에는 철학에 대해 가능한 가장 탁월한 정의를 말합니다. 말브랑슈는 우리를 다른 이방의 땅으로 데리고 가지 않겠다고, 우리는 우리 자신의 조국에 대해 이방인이라는 걸 가르쳐주겠다고 선언합니다.

철학자들을 이해하는 게 어째서 힘든 일인지 이보다 더 잘 파악할 수는 없습니다. 우리는 조국을 잃고 싶지 않은데, 철학처럼 우리로부터 조국을 박탈하는 것은 없습니다. 왜냐하면 그것은 우리를 하나의 세계에서, 세계가 아닌 무언가를 향해 이행케 하니까요.

사람들은 객관적인 보편성에만, 대상에 대한 행위를 허여하는 비인격적인 보편성에만 관심을 쏟습니다. 우주론에만 관심을 쏟는 거죠. 그런 사람들이 체계에 의해, 철학자들의 사상 안에서 세계를 가장 닮은 무언가, 혹은 세계의 체계를 닮은 무언가, 예컨대 과학 같은 것에 의해 매료되는 건 당연한 일입니다. 불행한 점은, 체계에 매료되

(계속읽기)

고 나면 체계는 곧 농담이 된다는 겁니다. 사람들은 체계들을 다른 체계들에 맞세워요. 볼테르처럼요. 사람들은 체계로서의 형이상학을 과학에 맞세웁니다. 오류의 절정이죠. 형이상학은 과학들의 평면에 놓일 수 있고 과학들과 대립각을 세울 수 있는 체계가 아니거든요. 형이상학은 존재가 어떤 체계 안에도 내포될 수 없다는 걸 드러내 주는 것입니다.

결론적으로 말씀드리자면, 우리가 철학자들을 이해하지 못하는 것은 철학이 무엇인지 모르기 때문입니다. 하지만 철학을 이해하기 위해서는 철학자를 이해해야 한다고 저는 덧붙이고 싶습니다. 철학은 과학이 아닙니다. 그것은 어떤 체계가 아니고, 체계들의 총체가 아닙니다. 그것은 하나의 행보입니다. 행보는 하나의 인격이 그 행보를 실현했기 때문에만 의미를 가집니다. 그렇다고 해서 이 행보가 일개 개인의 행보라는 뜻은 아닙니다. 그것이 시공간 안에 정위된 일개 개인에 대해서만 의미를 지니고

(철학자를 이해한다는 것은 무엇인가?)

가치를 지닌다는 뜻이 아니죠. 철학적 행보는 심리적 이유들로 이해될 수 있는 행보가 아닙니다. 역사를 통해서, 특정한 사회적 상태에서 출발해서 이해될 수 있는 행보가 아니죠. 철학적 행보는 정신 자체의 행보입니다. 그래서 이 행보는 언제나 다시 수행되어야 하는 겁니다. 정신은 언제나 스스로를 구원해야 하니까요.

과학에서와는 달리 철학 안에는 진정한 역사적 전개가, 전진하는 걸음이 존재하지 않습니다. 철학에 우리가 도달해야 할 새로운 진리들이 존재한다고 말할 수는 없습니다. 하지만 철학자가 되고자 한다면, 우리 각자는, 철학자들이 수행했던 것과 유사한 행보를 통해서, 철학자들을 닮아야 semblable 합니다. 자기 자신이 한 명의 철학자가 되지 않고서는, 역사를 횡단해서 그리고 역사에도 불구하고 스스로를 철학자들의 동료로 만들지 않고서는, 철학 전체 Philosophie의 영원성인 이 영원성을 되찾지 않고서는 철학자를 이해할 수 없습니다.

(계속읽기)

Ferdinand Alquié
Qu'est-ce que comprendre un philosophe

옮긴이의 말

『철학자를 이해한다는 것은 무엇인가?』는 비록 짧은 강의록이지만 페르디낭 알키에의 작품으로는 우리나라에 처음 번역되는 것이다. 알키에는 데카르트를 비롯한 근대 철학을 중점적으로 연구한 프랑스의 철학사가다.

'서양철학사' 같은 경우를 제외하면 철학자가 아닌 전문 철학사가는 드물게만 소개되는 탓에 아마 국내 교양 독자들에게 알키에는 생소한 이름이리라 생각한다. 하지만 들뢰즈나 데리다라면 비교적 낯익을지도 모른다. 그래서 알키에는 들뢰즈의 국가박사학위 논문인 『차이와 반복』을 놓고 도대체 이해할 수 없다고 불평했던 일화나, 데리다의 교수자격 시험에서 고등사범학교 출신인 그에게 한 가지 아이디어에 집착하지 말고 소르본에 와서 공부 좀 하라고 타일렀던 일화를 통해서 스치듯 언급될 뿐이다. 그나마 다른 철학사가 마르시알 게루와 벌였던 데카르트 해석 논쟁이 알키에가 직접적으로 거론되는 몇 안 되는 자리일 것이다.[1]

그런데 이 일화들은 역으로 들뢰즈나 데리다 같은 철학자가 아무것도 없던 하늘에서 벼락처럼 떨어진 것이 아님을 알려준다. 그들은 알키에나 게루를 비롯한 철학사가들이 일궈놓은 토양 위에서 자랐다. 알려져 있다시피 들뢰즈는 알키에의 학생이었다. 1948년, 알키에에게 보

---

[1] 빅토르 델보스, 『데카르트, 이성과 의심의 계보』, 이근세 옮김, 서울: 은행나무, 2017, 2부 5장.

(계속읽기)

내는 편지에서 들뢰즈는 쓴다. "저는 스스로 선생님의 제자라고 느끼고 있습니다. 설령 선생님께서는 그렇게 생각하시지 않는다고 해도요." 데리다는 이탈리아 철학자 마우리치오 페라리스와의 대담에서 자신이 어렸을 때는 "게루식 철학사"가 "프랑스적인 철학의 모범"이었다고 회상한다.[2] 철학사와 철학이 부과하는 어려움 및 요구하는 재능은 서로 일치하지 않고, 둘은 한 개인이 감당하기에는 거의 불가능할 정도로 분열적인 두 가지 사무여서, 철학자에게는 준거점이 되는 숱한 철학사가가 있어야만 한다. 알키에는 그중 주요한 한 명이라고 할 수 있다.

이 책은 평이한 강의록인 만큼 여러 이야기를 오가지만, 전체를 아우르는 물음은 다음과 같다. '철학을 철학으로, 철학자를 철학자로 만드는 것은 무엇인가?' 아닌 게

---

[2] 자크 데리다·마우리치오 페라리스, 『비밀의 취향』, 김민호 옮김, 서울: 이학사, 2022, 84쪽.

아니라 철학만큼 내부적으로 이견이 많은 분과도 없을 텐데, 철학의 독특한 점은 이견이 이런저런 소재나 주제에 관한 것으로 국한되지 않는다는 데 있다. 이견은 종종 철학 자체에 관한 것으로 고양되며 서로의 철학을 놓고 그것은 제대로 된 철학이 아니라는 극언으로 이어지기 일쑤다. 이에 알키에는 그 모든 차이와 대립에도 불구하고 철학자들을 정말이지 동료들^semblables로, 개개의 철학을 철학^Philosophie으로 묶어내는 것이 있다면 무엇인지 밝히고 있다. 저 물음을 염두에 둔다면 독자들은 이 강의를 한 편의 추리소설처럼 읽어나갈 수 있을 것이다.

알키에는 감동적인 저자다. 졸역으로 그 감동이 미처다 전달되지 못할까 두렵다. 개인적인 고백을 덧붙이자면, 애초에 현대 프랑스 철학을 전공하려는 생각으로 철학과 대학원에 진학했던 내가 예기치 않게 데카르트로 석사 논문을 쓰게 된 것은 알키에와 마주쳤던 덕분이다. 알키에라는 이름을 알려주셨던 김상환 선생님께, 컴퓨터 구

(계속읽기)

석에 처박혀 있던 원고가 출간되게끔 북돋워준 '동료' 배세진씨에게 감사를 표한다. 오래전 거친 초역을 살펴주었던, 지금은 리옹에서 데카르트를 연구하고 있는 이선민씨에게도 감사를 표해야 할 것이다. 마지막으로 언제나처럼, 가장 가까운 타자 나경과 가장 탁월한 타자 하영, 하랑에게 감사를 전한다.

철학자를 이해한다는 것은 무엇인가?

초판인쇄 2025년 11월 6일
초판발행 2025년 11월 14일

지은이 페르디낭 알키에
옮긴이 김민호
펴낸이 강성민 이은혜
마케팅 정민호 박치우 한민아 이민경 박진희 황승현 김경언
브랜딩 함유지 박민재 이송이 박다솔 조다현 김하연 이준희

펴낸곳 (주)글항아리 | 출판등록 2009년 1월 19일 제406-2009-000002호

주소 경기도 파주시 문발로 214-12, 4층
전자우편 bookpot@hanmail.net
전화번호 031-955-2869(마케팅) 031-941-5161(편집부)
팩스 031-941-5163

ISBN 979-11-6909-436-8 03100

잘못된 책은 구입하신 서점에서 교환해드립니다.
기타 교환 문의 031-955-2661, 3580

www.geulhangari.com